"...jenseits von Denken und von Gesellschaft
ein Mineral zu betrachten, das schöner
ist als alle menschlichen Werke, einen Duft
einzuatmen im Kelch einer Lilie, weiser
als unsere Bücher, mit Geduld, Ernst
und gegenseitigem Verzeihen ein Zwiegespräch
zu führen mit einer Katze."

(Claude Lévi-Strauss, Traurige Tropen)

Gabriele Lorenzer

DUMPEL

Bilder eines Katers

Hanser

Morg

gens

Jag

gen

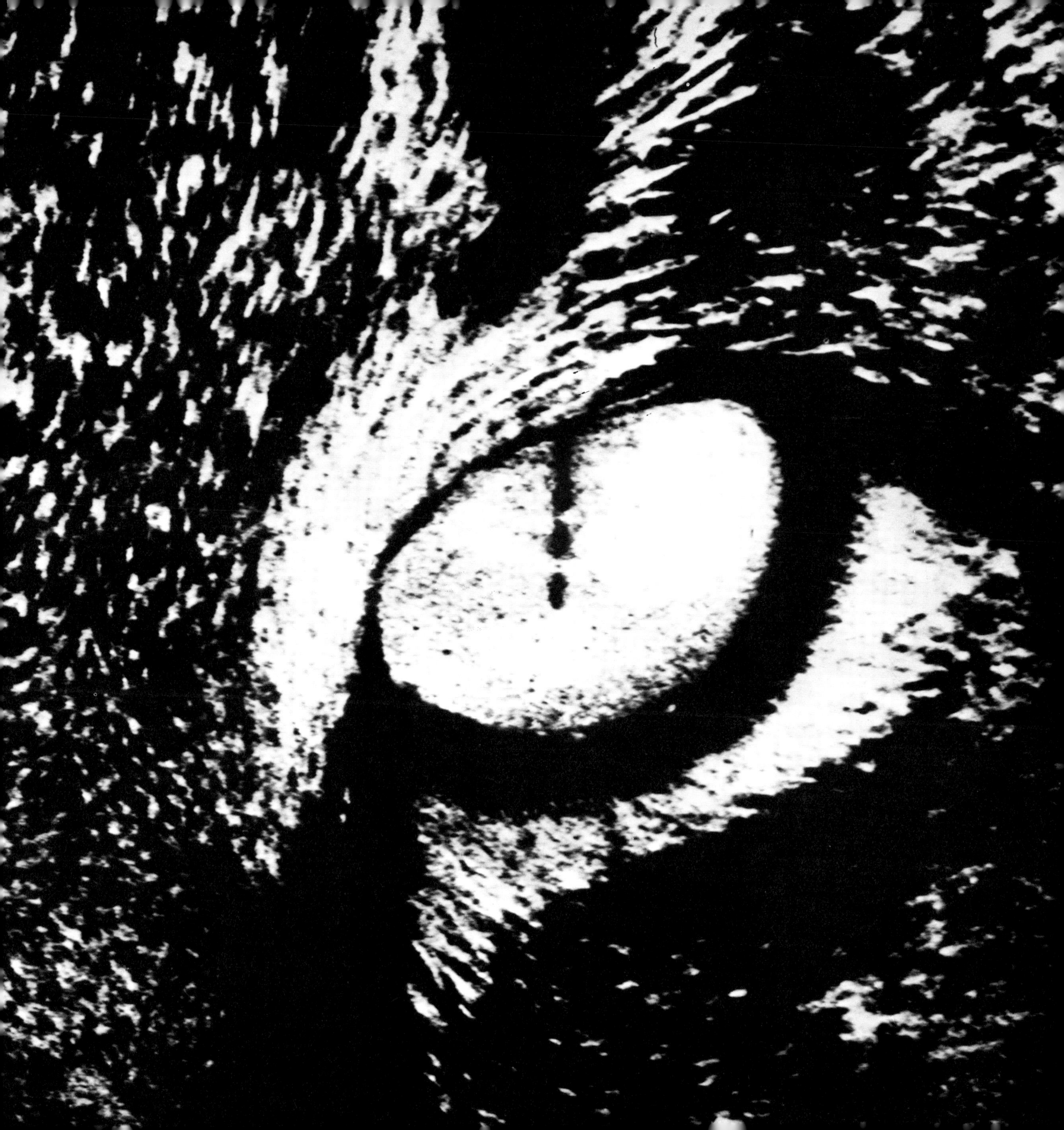

Eine

Maus

Die

Bäume

Sein

Sofa

Spie

elen

NACHRICHTEN
IG Metall: Keine Streikversicherung
Bayerns FDP vor Wachablö
Notfalls Aufruf zum Ger
Boljahn beschäftigt Bremens Zivilgerichte

A

Nachm

m

ittag

Ich

i

iebe

n

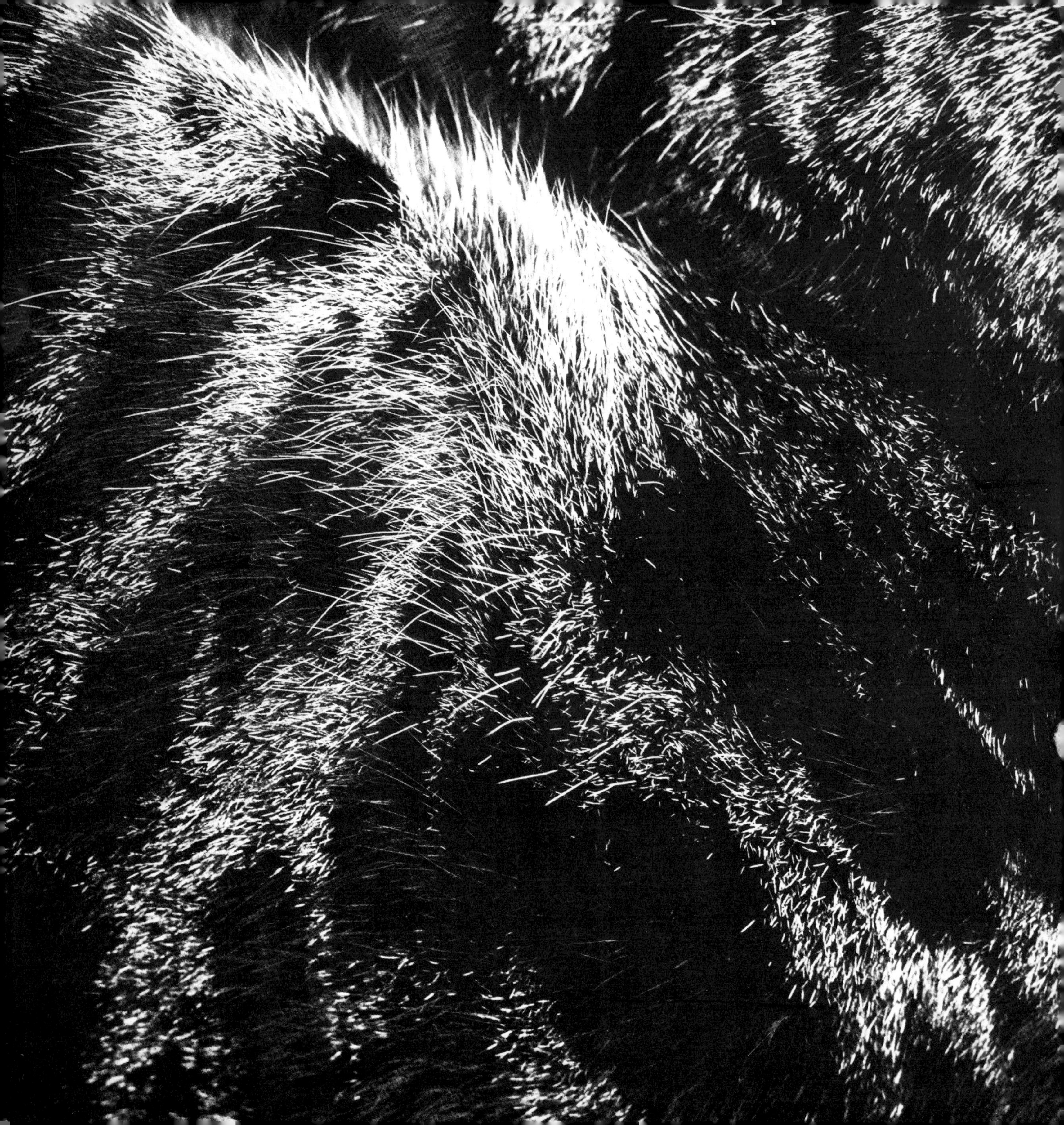